아이를 향한 부모의 바람, 세상을 향한 아이의 꿈, 천개의바람은 그 소중한 마음이 담긴 책을 만듭니다.

천개의바람은 첫역사그림책은 아이들이 우리 역사와 친해지기를 바라는 마음을 담았습니다.

글 최은정

오랫동안 어린이책 편집자로 일해 왔고, 지금은 어린이책 만드는 일과 글 쓰는 일을 함께 하고 있습니다.
여러 학습지와 독서 논술 교재 작업을 하였고, 쓴 책으로는 『네 마음을 모두 사랑해』 등이 있습니다.

그림 이은주

대학에서 시각디자인을 공부했습니다.
그린 책으로는 『똥똥똥 똥깨비 똥 나와라 뚝딱!』, 『거짓 소문을 밝혀라』, 『전설의 다람쥐』, 『한국사 재판 실록』, 『아이작 뉴턴, 운동의 법칙을 밝히다』, 『딱 한마디 한국사』, 『조선의 마지막을 함께한 고종』, 『좋은 약? 나쁜 약? 내게 맞는 약』 등이 있고, 현재 어린이 잡지 『개똥이네 놀이터』에 「옛이야기 나와라 뚝딱!」을 연재하고 있습니다.
아이들이 재미있는 상상을 할 수 있는 그림을 그리고 싶어 합니다.

감수 하일식

연세대학교 사학과를 졸업하고, 같은 학교 대학원에서 고대사를 연구하여 박사 학위를 받았습니다.
현재 연세대학교 사학과 교수로 학생들을 가르치고 있습니다.
쓴 책으로는 『신라 집권 관료제 연구』, 『경주역사기행』, 『한국 고대사 산책』(공저),
『고려시대 사람들의 삶과 생각』(공저) 등이 있습니다.

천개의바람 첫역사그림책 19
팔랑귀 영감, 양반 사셨구려!

펴낸날 초판 1쇄 2022년 9월 1일 | 초판 2쇄 2023년 1월 16일
글 최은정 | **그림** 이은주 | **개발** 구름돌 | **음원** Reflex Industry | **홍보마케팅** 배현석 송수현 이상원 | **관리** 최지은 이민종
펴낸이 최진 | **펴낸곳** 천개의바람 | **등록** 제406-2011-000013호 | **주소** 서울시 영등포구 양평로 157, 1406호
전화 02-6953-5243(영업), 070-4837-0995(편집) | **팩스** 031-622-9413 | **ISBN** 979-11-6573-286-8·979-11-6573-267-7(세트)
그림 ⓒ 이은주 2022

이 책은 저작권법에 따라 보호받는 저작물이므로 무단전재와 무단복제를 금지하며,
이 책 내용의 전부 또는 일부를 이용하려면 반드시 저작권자와 천개의바람의 서면 동의를 받아야 합니다.

* 잘못 만든 책은 구입하신 서점에서 바꾸어 드립니다. 천개의바람은 환경을 위해 콩기름 잉크를 사용합니다.
* 종이에 베이거나 긁히지 않도록 조심하세요. 책 모서리가 날카로우니 던지거나 떨어뜨리지 마세요.

제조자 천개의바람 **제조국** 대한민국 **사용연령** 6세 이상

팔랑귀 영감, 양반 사셨구려!

최은정 글 | 이은주 그림

나는 말뚝이!
팔랑귀 영감 이야기
들어 볼래?

천개의바람

한양 가까이 어느 마을에 팔랑귀 영감 살고 있다네.
날마다 이리 기웃 저리 기웃
새로운 소식, 좋은 소식만 쏙쏙 잘도 듣는다지.
팔랑귀 영감, 오늘도 온 마을을 휘휘 도는데
여기를 보아도 자기 땅이요,
저기를 보아도 자기 땅이로구나.
팔랑귀 영감이 어쩌다 큰 부자가 되었냐고?
그 이야기부터 풀어 볼거나?

몇 해 전 팔랑귀 영감이 어디서 뭘 듣고 왔는지
"말뚝아! 우리도 벼농사를 지을 때 모내기를 해야겠구나!
모내기를 하면 농사가 잘되는 걸 알고 있느냐!" 해서
모판에서 어린모를 키워 논에 옮겨 심었다네.

모를 쪼르르 줄 맞춰 심어 모내기를 하니
잡초를 쏙쏙 가려 뽑기 좋더라고.
힘이 덜 드니 더 넓은 땅을 농사지을 수 있고,
많은 벼를 거두어 쌀을 내다 파니 돈이 술술 들어왔지.

이듬해에는 팔랑귀 영감이 또 어디서 뭘 듣고 왔는지
"말뚝아! 채소가 쌀보다 더 돈이 된단다!" 해서
밭에다 배추며 고추며 오이를 심었다네.
시장에 내다 팔 요량으로 말이야.
한양에 사람이 자꾸자꾸 많아지면서
한양과 가까운 마을에서 기른 채소가 아주 비싸게 잘 팔렸지.

그렇게 큰 부자가 된 팔랑귀 영감, 부자만 됐을라고?
"말뚝아! 공명첩을 사야겠다!" 해서 양반까지 되었다네.
나라에서 돈을 받고 공명첩이란 것을 팔았는데,
거기에 사람 이름을 써넣는 자리가 뻥 비어 있어서
자기 이름을 떡하니 쓰면 벼슬자리를 준다는 거야.

비록 허울뿐인 벼슬자리지만,
너도나도 돈만 있으면 양반이 될 수 있는 세상이로구나.

팔랑귀 영감, 양반이 되어서도
세상 돌아가는 게 궁금하여 몸이 근질근질하지.
"말뚝아! 오일장 서는 날이다. 서두르자!" 해서
나는 부랴부랴 지게 짊어지고 따라나섰다네.
오 일마다 한 번씩 서는 장에는
조선 팔도에서 산 넘고 물 건너온 물건이 다 모인다지.
신나는 놀이판도 펼쳐진다고 하니
구경하며 놀아 볼거나!

장터에는 장사꾼들이 벅신벅신, 구경꾼들이 복닥복닥.
팔랑귀 영감도 여기저기 기웃대느라 정신이 없구나.
안성 놋그릇 사시오! 한산 모시 사시오!

이 장 저 장 찾아다니며 물건을 파는 보부상들이 소리치니
"말뚝아! 놋그릇은 안성에서 만든 것이 알아준다더구나." 해서
놋그릇부터 덥석 샀지.

여기를 보랴, 저기를 보랴,
정신없이 장을 누비는데…… 어이쿠!
사람들한테 부딪쳐 넘어질 뻔했지 뭐야.

재밌는 구경거리라도 있나 싶어 쳐다보는데,
"말뚝아! 이런 그림을 풍속화라고 하는 것이야!" 해서
그림을 들여다보니 우리들 모습을 정말 살아 있는 듯 잘도 그리네.

국밥 한 그릇 먹으러 앉은 주막에서는
온갖 소식이 오가니 귀가 절로 솔깃하네.
어, 한양에서 제일로 유명한 전기수가 온다나?
소설책을 읽어 이야기로 술술 잘도 풀어 내,
사람을 구름처럼 몰고 다닌다지.
"말뚝아! 오늘 오는 전기수가 그렇게 유명하다니,
이야기가 듣고 싶구나!" 해서

전기수를 찾아 부리나케 달려갔더니 벌써 이야기판이 벌어졌네.
전기수가 엉엉 울 듯이 하다가 버럭 소리도 지르고
몸짓 손짓 섞어 가며 흥부전 이야기를 풀어 내는구나.

아이고, 형님!
이 추운 겨울에 내쫓으면
어디로 가오리오?

이놈 흥부야,
내가 네 갈 곳까지 일러 주랴!
썩 꺼지거라!

이 일을 어쩌나 싶어 사람들 속이 타는데,
전기수가 그만 이야기를 뚝 멈춰 버리네.
사람들의 한숨이 터져 나오며 여기저기서 돈을 던져 주니,
전기수가 다시 이야기를 술술 풀어 내는구나.

아이고, 여보 **마누라**!
형님께서 나가라고 하니
어찌하면 좋소?

그러다 여인들이 속닥이는 소리가 영감 귀에 들렸다네.
세책점에 새 소설책이 많이 들어왔다나!
세책점을 찾아가니 소설을 베끼어 써 놓은 책들이 가득해.
"말뚝아! 한글 소설 홍길동전이 있는지 물어보거라!" 해서
돈을 내고 책을 빌렸다네.
당장 돈 없는 사람들은 반지에, 대접에 주발까지 맡기고
책을 빌려 가니, 소설책 인기가 대단하구나!

더 구경할 게 남았나 싶은데,
알록달록 민화들이 팔랑귀 영감 눈을 붙잡아 버렸네.
공부 열심히 하게 한다는 책거리 그림,
나쁜 기운 쫓고 좋은 기운 들어오게 한다는 호랑이 그림.
팔랑귀 영감이 가만있지 않았겠지?
"말뚝아! 까치랑 호랑이 그림이 좋겠구나." 해서
민화까지 덥석 샀지!

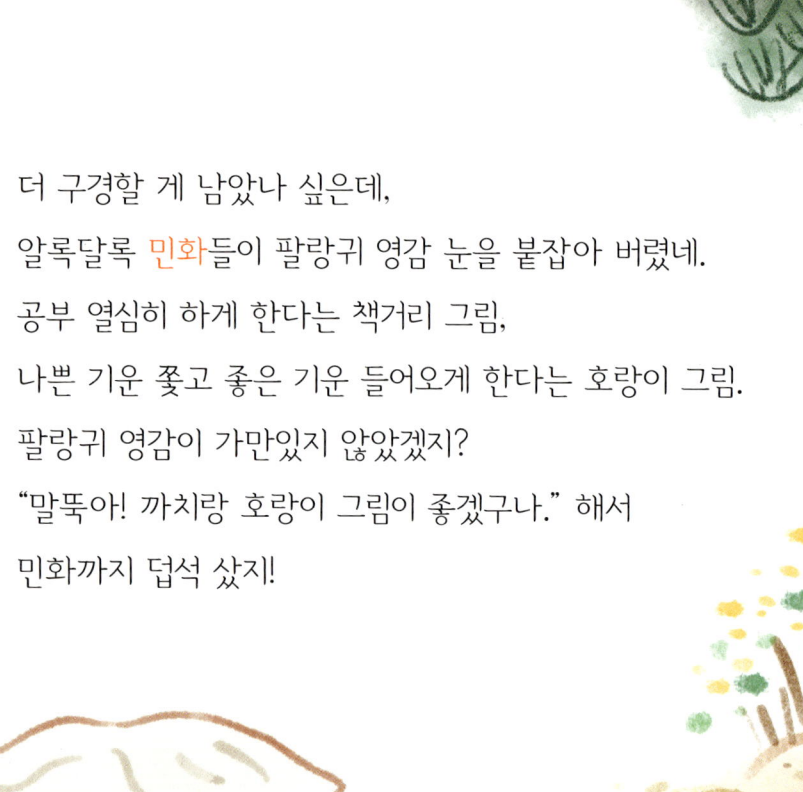

그때 어디서 "쉬잇, 양반 나오신다!" 하기에
팔랑귀 영감, 자기 부르는 소리인가 싶어 돌아보니
얼굴에 우스꽝스러운 탈을 쓰고서 들썩들썩 탈놀이가 한창이네.

지나가는 개도 안 돌아보는
양반 납셨네!

허울만 번지르르한 양반을 똘똘한 하인이 골탕 먹이고
양반은 하인한테 꼼짝없이 당하니
구경꾼들은 속 시원하다며 배꼽을 잡아.
팔랑귀 영감도 "말뚝아! 저 엉터리 양반 좀 보거라." 하네.

껄껄 웃어 대던 팔랑귀 영감,
"아니지, 나도 이제 양반이지, 에헴!" 하고는
집으로 향했다지.

소식 듣고 여기저기 기웃대다 부자에 양반까지 된 팔랑귀 영감,
한글 소설도 읽고 민화도 갖다 놓고는
보고 즐기는 일에도 팔랑귀가 되었다네.

팔랑귀 영감을 따라다니던 말뚝이,
나는 무엇을 하고 있느냐고?
팔랑귀 영감 따라 이리 기웃 저리 기웃 한 덕분에
글을 배워 한글 소설을 쓰고 있지.
'팔랑귀 영감의 성공 이야기'가 첫 소설이고말고.

팔랑귀 영감이 오늘은 또 어딜 가려나?
"말뚝아! 오늘은 판소리 구경 가자꾸나!"

서민들이 사랑한 문화

조선 후기에 농업과 상업이 발달하면서 서민들도 경제적으로 여유가 생기기 시작했어요.
먹고사는 데 여유가 생긴 서민들은 풍속화, 한글 소설, 탈놀이, 판소리 등의 문화를 즐겼지요.

풍속화

<단원풍속도첩> 중 씨름

<단원풍속도첩> 중 서당

김홍도의 풍속화

김홍도는 임금의 초상화를 그릴 만큼 실력이 뛰어난 도화서 화원이었어요. 김홍도는 이곳저곳을 돌아다니며 서민들의 생활을 생생하고 익살스럽게 담아냈답니다.

신윤복의 풍속화

신윤복은 풍경과 사람을 잘 그렸어요. 그중에서도 조선 후기 여인들의 생활 모습을 섬세하게 표현해 냈어요. 붉은색, 푸른색 등 선명한 색감을 사용했지요.

<혜원전신첩> 중 단오풍정(일부분)

풍속화는 당시 사람들의 생활 모습을 그린 그림이에요.

한글 소설

한글을 배운 사람이 늘고, 전기수와 같이 책을 읽어 주는 사람들이 생기면서 『홍길동전』, 『흥부전』, 『심청전』, 『춘향전』 등 한글 소설이 널리 읽혔어요.

탈놀이

'탈춤'이라고 불리는 탈놀이는 탈을 쓰고 하는 연극이나 춤을 말해요. 서민들의 생각과 감정을 솔직하게 표현했지요.

판소리

판소리는 이야기를 노래로 들려주는 공연이에요. 소리꾼이 고수의 북장단에 맞추어 이야기를 풀어 내지요. 판소리는 서민뿐만 아니라 양반도 즐겼다고 해요.

민화

민화는 조선 후기 서민들 사이에서 유행한 그림이에요. 도화서에 있는 전문적인 화가뿐만 아니라 이름이 알려지지 않은 일반 서민들도 민화를 그렸지요. 동물, 나무와 꽃, 과일 등 주변에서 쉽게 볼 수 있는 것들을 소재로 삼아 그렸어요. 행복하게 잘 살고 싶은 서민들의 마음을 표현했지요.

◀ 어해도　　▲ 문자도

조선 문화를 만나 보자!

농업 박물관
서울특별시 중구에 있는 농업 박물관은 농사와 관련된 여러 유물을 전시하고 있어요. 농업이 발전해 온 역사를 볼 수 있는 전시관과 계절에 따른 논농사와 밭농사, 옛날 장터의 모습을 살펴볼 수 있는 전시관 등으로 이루어져 있어요.

간송 미술관
서울특별시 성북구에 있는 간송 미술관은 간송 전형필이 설립한 사립 박물관이에요. 다양한 미술 작품을 소장하고 있는데, 김홍도와 신윤복의 그림도 있어요.

고창 판소리 박물관
전라북도 고창군에 있는 고창 판소리 박물관은 조선 후기 판소리 작가였던 신재효의 옛집이 있던 자리에 세워졌어요. 판소리의 전통을 이어 가기 위해 설립된 곳이지요.

안동 하회 마을
경상북도 안동시에 있는 민속 마을이에요. 하회 세계 탈 박물관과 하회 별신굿 탈놀이 전수관이 있어요.

낙안 읍성 민속 마을
조선 시대에 만들어진 읍성으로, 우리나라 3대 읍성 중 하나예요. 민속 문화 축제가 열리고, 판소리 경연 대회 등도 열리지요. 전라남도 순천시에 있어요.

일러두기

1. 띄어쓰기와 맞춤법은 국립국어원에서 펴낸 『표준국어대사전』을 기준으로 삼았습니다.

2. 유물 및 유적, 유적지 명칭은 국립국어원에서 펴낸 『표준국어대사전』을 기준으로 삼았습니다. 그 외에는 통용되는 명칭을 따랐습니다.

3. 외국 인명, 지명은 국립국어원의 『외래어 표기 용례집』을 따랐습니다.

4. 붉은색으로 쓰인 글자를 보고, 조선 후기 생활 모습을 그림에서 찾아 보세요.

사진 출처 및 제공처

30쪽 씨름, 서당_e뮤지엄(국립중앙박물관) / 단오풍정_간송미술문화재단 31쪽 어해도, 문자도_e뮤지엄(국립민속박물관) 32쪽 농업 박물관_한국학중앙연구원 / 간송 미술관_뉴스뱅크 / 고창 판소리 박물관_연합뉴스 33쪽 안동 하회 마을_게티이미지코리아 / 하회 별신굿 탈놀이_문화재청 / 낙안 읍성 민속 마을_한국학중앙연구원

* 이 책에 실린 모든 사진의 출처 및 제공처를 밝히기 위해 최선을 다했습니다. 누락되었거나 잘못된 점이 있으면 바로잡겠습니다.